No lo suficiente:

Reflexiones acerca del duelo

Un poemario original de
Bruce Marshall Sterling

Traducido por
Miryam Sterling y
Peter Adler Asch

Etapa 3 Press
Boulder, Colorado

No lo suficiente:
Reflexiones acerca del duelo

BruceSterlingLLC.com
Etapa 3 Prensa Boulder, CO

Primera edición española de tapa
blanda 2022
ISBN 978-1-7365611-1-9
 (libro de tapa blanda)

Dedicación

Este libro está dedicado a mis padres, Fred y Hilda Sterling, quienes continúan enseñándome y guiándome, incluso después de su muerte. Me han guiado en este viaje de crudeza, vulnerabilidad, compasión, y gratitud, ahora expresado a través de la poesía.

Ha sido el fallecimiento de una antigua amiga de la familia, Alma Rosenberg, lo cual inspiró el poema y el título del libro, "No lo suficiente". Por lo contrario, nuestro amor era más que suficiente.

Este libro también está dedicado a ti, al lector, quien ha sufrido a través de la tristeza, la pérdida y el dolor, los cuales te han llevado a estas páginas. Que las palabras siguientes te brinden consuelo, o al menos el reconocimiento de que en nosotros se encuentra una comunidad que te entienda, que te empatice, y que te apoye, a través de este camino oscuro hacia una vida más compasiva.

Tabla de contenidos

Prefacio

Era la noche de mi cumpleaños 56° cuando dos agentes de policía llegaron a la puerta. Mientras entraban a la sala, las palabras, "No hay manera fácil de decir esto" hacían que mi cerebro barajara escenarios, ninguno de los cuales tenía sentido. En los momentos siguientes, me lanzaron a una realidad distinta, de la cual nunca regresé. Mis padres murieron más temprano ese mismo día, y de allí mi familiaridad con el dolor subió de cero a 60 en siete palabras.

En los años siguientes, aprendía que el dolor era una herramienta profunda para desentrañar mis propios sentimientos previamente reprimidos. También era un puente que me conectaba con otras personas más íntimamente.

Somos sensibles y vulnerables cuando estamos de luto, sobre todo si alguien nos trata con compasión y presencia.
Los sentimientos se vuelven más pesados cuando la pérdida está en el corazón. La mayoría de la gente evita hablar con aquellos que están de luto, aunque pueda ser bien útil. Es un camino difícil sin ninguna recta. Si estás dispuesto a presentarte con los que están así, muchas veces no se necesita hacer mucho más que escuchar.

Al principio, mi inspiración para escribir sobre el duelo surgió de mi propia experiencia. Más adelante, escribía poemas a mis amigos y conocidos, los cuales igual sufrían de pérdida. He incluido poemas de ambas formas en este libro.

Al pensar en aquellos que están afligidos, me rindo al flujo creativo con una profundidad y una compasión que siempre surgen bajo la superficie que urge ser expresada. Lo considero un privilegio, y espero que las palabras de este tomo ofrezcan consuelo, inspiración y comprensión durante los momentos difíciles.

Para una verdadera sanación, necesitamos ser pacientes, actuar con compasión, y, por lo último, hacernos más humanos con nosotros mismos igual que los demás.

El duelo es un proceso íntegro. A medida que integremos tales sentimientos fuertes, impactamos nuestro mundo más ampliamente. La pérdida y el dolor nos ayudan a ver nuestros puntos en común. Son aspectos de nuestra humanidad, la mismísima humanidad siendo nuestro vínculo.

Prólogo

Como autor y amigo, las 'Reflexiones acerca del duelo' de Bruce ocupan un lugar muy especial en mi corazón. Nos conocimos en una clase hace un tiempo, y nos unimos con el paso de los años debido a nuestras experiencias parecidas con el duelo -- la suya con la repentina pérdida de sus padres, y la mía con la larga y dolorosa enfermedad y pérdida de mi hija, Cristina. Se siente bastante reconfortante tener a gente con la que puedo hablar abiertamente sobre el duelo. Bruce es una entre esas personas.

Él ha invertido su energía y compasión sincera y ha escrito este poemario. Proviene de sentimientos que reflejan su propia experiencia de pérdida, y la de los demás, junto con el dolor que la acompaña.

Madeline Goldstein, autora de 'Amor en Acción: La Batalla de mi Hija contra el Cáncer - Memorias de una Madre'

Tengo afecto por el duelo

Los que están de duelo

están sumergidos en la emoción,

en lo profundo de su verdad
personal

y

están extraordinariamente
presentes.

Mirar a los ojos

de alguien que está de luto

es un regalo

que pocos ofrecen.

Es una habilidad mía.

Hice el trabajo del curso.

Fotos familiares

Compulsivamente fotografiaba

la escena;

el poste apenas tenía cicatrices,

la señal de alto que no detuvo
nada,

el árbol que sí lo hizo.

Mirando las fotos

preguntarías

"¿Cómo se podría

sobrevivir a través de eso?"

No lo lograron.

Primera parte –
Confusión

Dos veces nacido

Nacemos una primera vez
a través del canal oscuro
de la madre
hasta todo lo que la vida
pueda ofrecer.

Nacemos una vez más
a través del canal oscuro
del duelo
devuelto a la vida
con todo lo que la muerte
ha quitado.

Anhelos

Anhelos,
anhelo de ser,
anhelo de volver a ser,
de volverse entero
sin el agujero
tan profundo
el pozo de los deseos
no se pueden escuchar los deseos.

La paz queda en la rendición

Qué lucha buscar
para los que han pasado
con los ojos
que miran un mundo sólido.

La pérdida conlleva más lucha de
lo que puedes soportar,
más dolor que
un corazón debe de sentir.

Llora, niño mío,
por lo que era tuyo,
por lo que no será;
promesas robadas,
vida no vivida
y el amor
que de pronto se te acaba.

Rendirse a
lo que tenías
por todo lo que era,
y lo que es.
Respira más hondo,
sentirlo tierno
y llora
tu charco de lágrimas.
Nunca te diste cuenta
que iba a llegar.

A su debido tiempo,
vemos con mayor claridad
al revés.

Un emparejamiento de pares

Primera parte

La mayoría de las lecciones son
directas
aunque pueda quitarte bastante
tiempo
hasta que las repercusiones
circulen de nuevo a tu lado -
para que el efecto refleje la causa.

No son más que un paquete
viajando de pareja.
No hay causa sin efecto
ni efecto sin su causa
porque
así funciona el Universo.

Segunda parte

El duelo y el amor son
cometas gemelas
acelerándose a través del
universo
serpenteando de un lado a otro
su vuelo inextricablemente
entretejido
hasta que ya no existan.
Solamente que
el duelo es lento
y el camino impredecible
y el universo es tu corazón
y el cometa eres tú
y correteando de un lado a otro
es la manera de la naturaleza
de enseñarte
las partes difíciles del amor,
como una máquina pulidora de
rocas
alisando las asperezas
hasta que sean más suaves,
pulidos,
como la joya en la que has de
convertirte.

Así es de íntimo.

Mundos colapsando

La vida y la muerte
un choque de paradojas
y el duelo se interpone entre
ambos
como los brazos poderosos de
Hércules
manteniendo aparte mundos
colapsando.
El sudor en su frente fruncido
fácil se confunde
por el dolor y las lágrimas.

La tensión en su rostro
semejante a la que se encuentra
cuando te atreves a mirarte en el
espejo.

Emociones desgarradoras
te miran hacia atrás.
Sentimientos del amor, la
tragedia,
y la nostalgia
se sientan encapsulados
en tu corazón y tu alma.

Empujan desesperadamente
contra esos mundos colapsando;
sus esfuerzos contradictorios,
su deseo de no ser liberados
por miedo de explotando
en la nada.

¿Qué es lo que queda
cuando ya no queda nada?

Vivir de duelo

Los años se arrastran
despacio
como cuchillas de afeitar
a través de las cámaras del
corazón.

Dolor
con cada suspiro
y el ritmo, el ritmo, el ritmo
que te cuenta que
todavía sigues vivo
mientras por dentro te mueras.

Entreacto

Esto es difícil. Aquí no hay duda al respecto. No sientas la necesidad de aceptar más de lo que tu corazón pueda tolerar.

Lee como quieras, tómate un descanso, respira, llora, ve a dar un paseo. Ten paciencia contigo mismo. No eres el dueño del proceso. Sin que importen tu fuerza y voluntad, estarás allí metido. Eres humano, y tampoco hay perfección en eso. No intentes superarlo. Alguna vez has cambiado. Mientras sea más doloroso de lo que te has imaginado, la transmutación se convierte en tu sobre poder. Aunque ahorita estés en duda, solo te das cuenta retrospectivamente.

Segunda parte –
Comunidad

Duelo Haiku #1

El duelo es íntimo.
Estrecha profundamente las
cuerdas del corazón
Nos desgarra de medida que nos
humanice.

Trasfondo

Mi madre tocaba el piano
a lo largo de su vida.
De verdad.
A partir de los tres,
desempeñando a los cuatro,
deteniéndose en
mi 56 cumpleaños.

Pero ella no se detuvo por mí,
no se detuvo por su música.
Se detuvo
por el poste de luz que aplastó
el auto que conducía.
El auto que compró mi padre,
el otro pasajero.

Se lo compró
porque son tan confiables,
tan fiables
pero con su talón de Aquiles,
un caballo de Troya,
una trampa mortal.
El sensor de control del
acelerador
cuya verdad incómoda
por casualidad se pegó

resultando en una aceleración
que, aún a pesar de su
intento desesperado de manejar
hacia un gran lote "Big Lots"*,
casi salió exitosa -
solo que no fue así.

El destino llamaba, no,
el destino mandaba,
y los lanzó,
toda mi herencia de sangre,
hacia una muerte instantánea
para ella.
Él, trasladado por vía aérea,
dejó su cuerpo dentro
de la hora.

A dos mil millas de distancia,
al momento del impacto,
Estaba abriendo
la tarjeta de cumpleaños
que ella me había enviado
unos días antes.

El momento sigue siendo irónico.

Seis horas después,
a camino a mi cena de
cumpleaños,
llama a la puerta.

Hola, oficiales,
adelante.
"No hay ninguna manera fácil de
contarte esto."
Una oración corta.
Una sentencia de muerte.
Todas las palabras comprensibles
sin embargo, las imágenes se
desplegaron como cartas
barajado al revés

Mi cerebro, normalmente
de ritmo lento
corrió a través de
escenario tras escenario
en velocidad de Dios sin Dios
y volvió al único
que era obviamente cierto.
Una sentencia corta,
la sentencia de una vida
con una sentencia de por vida.

*"Big Lots" es el nombre de una
tienda en los Estados Unidos.

Cualquier cosa sobre la música

Se encantó con el piano.
No sé por qué.
Cuando emergi
de su cuerpo
habían pasado 20 años.

El tono perfecto la convirtió en un
talento natural,
eso,
igual que su inclinación por
hacerse cargo,
y su amor por la interpretación.
No teńia tanta autoestima,
pero lo suficiente.
Cercano de un piano,
ella era más que audaz.
El instrumento era su amigo,
y cualquier oído cercano
se constituiría de inmediato su
audiencia.
Era su camino
hacia cualquier organización que
estuviera abierta.

Era su camino
hacia cualquier comunidad
que le agradecería.
Y lo hicieron.

Juegos escolares, sinagogas,
cruceros, centros de jubilación,
Que, a propósito es donde se
dirigía
cuando el coche dejó de
funcionar.
Ella fue absolutamente heroica
y tuvo la maldita suerte
para evitar a todas las personas y
los vehículos
pero no el poste de luz,
cuando se acabó la suerte.

Su canto de cisne*
fue el chirrido de los neumáticos.

* el canto del cisne es una
actuación final

El club

Nunca
le deseo a nadie
que tenga que soportar una
pérdida
que lo lleve al duelo.

Sin embargo,
nunca
deseo privarle a nadie
de los milagros,
las bendiciones
y la profundidad resultante.

Son difíciles de ganar
y profundamente agridulces.
Es un emparejamiento
dolorosamente curioso y
totalmente transformador.

Sí, amigo mío,
las cuotas para la membresía
son variados
pero ninguno de nosotros se
escapa del club.

Quién sabe
tal vez sea el requisito previo
para lo que queda más allá.

Las profundidades de la humanidad

El duelo es
un puente de conexión potente
para los que se han quedado.
Nos atrae
a los acantilados de la
vulnerabilidad
y nos empuja
hacia las profundidades de la
humanidad.

Encuéntrame en el campo

La pérdida es universal,
el duelo específico.
Mis padres
al instante se fueron en el
impacto.
Conozco esa pérdida.

Una madre observaba y luchaba
durante décadas
mientras la medicina le fallaba a
su amada hija.
Un padre que echaba de menos a
su hijo
quitado hace toda una vida
aunque todavía siga en su alma y
su corazón.
El hermano de un compañero de
clase
podado mientras que el árbol se
acercara a su mejor momento.

Las pérdidas generan un campo
más equilibrado
y él que aparece
conlleva su historia,
su humanidad,

los pedazos de su corazón
deseando en vano
la paz de estar juntos
como si pudiera unirse
una vez más.
Aunque cada uno sepa
que las grietas y las lágrimas
tienen costuras hechas de
sentimientos
siempre crudos
nunca realmente sanados.

Todos terminamos en este campo,
nunca por elección propia.

Nuestra tarea:
encontrarnos
dentro de los restos,
encontrar la compasión
para nosotros y nuestros
compañeros de campo
porque allí queda
nuestra esperanza,
nuestra alma,
nuestra paz.

Dentro del combate de boxeo

Un conocido mío construyó una exposición de arte / actuación diseñada para que las personas pudieran procesar el duelo asociado con la muerte.

La exposición estaba alojada en una unidad de almacenamiento. Los donantes proporcionaron una cantidad pequeña de artículos que fueron colocados en cajas de cartón individuales para su visualización. El espectador entraría a la unidad de almacenamiento y observaría el contenido mientras escuchaba una grabación de los donantes explicando los artículos y por qué seleccionaron esas piezas. Una silla también estaba en el espacio para que los participantes se sentaran y procesaran los pensamientos, sentimientos y emociones a medida que salieron a la luz.

Participé como donante y espectador.

El combate de boxeo

Aquí estoy sentado
en una caja.

Una caja de metal
llena de
cajas de cartón,
cajas de cartón
llenas de
tesoros personales,
reliquias sin sentido,
piedras de toque vivas;
tocar a través del velo
en el vacío.

Mirando adentro de cajas,
sentimientos de la vida,
sentimiento de la muerte
y la brecha entre -
a través de - historias imaginadas
y la mía recordada..

Mi historia
desde hace toda una vida,
en realidad cuatro vidas,
empezando desde cuando éramos
una familia
construyendo cimientos

antes de que se agrietaran
y me cayera hasta
la realidad de otra persona.

Una vida más adelante
escalando desde la base,
dedo por dedo
Me levanto
y vuelvo a la vida.

Dragado del pasado
con la visión de hoy
cambia la cojera tambaleante de
la vida
a una marcha consciente.

"Si tan sólo supiera entonces lo
que sé ahora..."

Mirar hacia atrás es invaluable
cuando te enseña
cómo avanzar.

Cómplice del duelo

El tiempo,
medido por años o meses
ahora medido por los momentos,
las respiraciones
y los latidos.

El tiempo,
no el curandero promocionado de
las heridas.
Los recuerdos son celulares,
vivos dentro de nosotros
no las fotos desvaneciéndose
en la luz del día
o en el almacenamiento
con reliquias y símbolos.
Los recuerdos los mantienen
vivos
y nos mantienen vivos
con una nueva
presencia profunda
sólo conocida
fuera del tiempo.

El amor no muere

No hay palabras.
El sentimiento es profundo
y oscuro
y doloroso.

Todavía
a partir de ahí
fomenta un extraordinario amor
que fertiliza la compasión
y la inmediatez de la vida.

La riqueza de esa tierra,
a través de la decadencia y el
sufrimiento,
estimula la vida
con vínculos
que ahora se pueden realizar
con autenticidad.

El amor no muere,
pero la pérdida sí nos destroza.
Nos desgarra en cruda
humanidad no adulterada,
la profundidad de la cual
por lo general
sólo roza la superficie.

Como una inmersión en un
arroyo fríoen un día de verano
sofocante,
el shock en la piel caliente
despoja la complacencia
hasta que nos convirtamos en
el nuevo equilibrio de
la conciencia vigorizada,
mirando la vida claramente
en toda su plenitud.

Las preguntas permanecen
durante años,
respuestas gotean en el tiempo
y para algunas nunca llegan.

Estar en paz
con pérdidas de esta manera
te refina
y a cambio
otorga
la perspectiva de un santo.

Deseándote mucho consuelo
mi amigo.

La persistente confusión
por el duelo

Profundo y agonizante
heridas sin sangre
frescas y crudas
nuevas o
nuevas una vez más
dejándote
lleno de preguntas.

Preguntas respondidas con el
tiempo,
preguntas nunca resueltas.

Solitario
independientemente del
acompañamiento,
independientemente de tu apoyo.

De todas maneras,
encuentra algunos confidentes
que puedan mantener el espacio
para tus altibajos,
tus entrecruzados
que se entrometen
con una invitación falsificada
disfrazada

como un olor,
una palabra,
una canción,
un pensamiento que viene de la
nada
y te abofetea
con emociones
diseñadas para
desgarrarte
desgarrarte más todavía,
desgarrarte en la humanidad
que pueden forjar vínculos
con un desconocido total
de palabras escuchadas
de dolor o tristeza.

Encuentra un confidente,
alguien
alguien compasivo,
alguien que no se desanime por
las lágrimas,
alguien que pueda ser paciente,
que pueda estar en silencio,
o que tal vez diga
una
palabra
sincera.

Eres fuerte,
eres increíble y
eres humano.
Como me dije a mí mismo
hace demasiados años,
si hay algún momento
para brindarme un descanso,
esto lo es.

Mucha compasión para ti
y que la gracia
sea tu fiel compañera.

Tercera parte - Integración

Duelo Haiku #2

Quietud, vacío
permiten que el alma se expanda.
El duelo, un aliado extraño.

Bailando a través del duelo

El duelo es un baile,
no tan amable.
Él te gana
con giros y vueltas
imprevistos.

Si tienes suerte
podrás mantener la hora
pero nunca te mantienes al día.

Un olor, un sonido o
un pensamiento errante
se convierte en una puerta
abierta
para la entrada del toro
a tu tienda de china sagrada.

Las olas de intensidad
te sorprenden incluso a ti mismo
mientras las lágrimas se
derramen
a la mitad de la oración.

No hay estrategia
ni defensa realista,
meramente la fe, la rendición y la
gracia
cuando, y sin embargo
podrán aparecer.

El tiempo puede calmarte
pero sólo en retrospectiva.

No hay cura
pero ya perdurarás.

.

Diamantes y mariposas

El camino que se te ha forjado es
la naturaleza y el capricho del
duelo.
Este curso de nivel superior de la
vida
agrega el color, el corte y la
claridad
de las cualidades del diamante
que un humano ejemplifica
cuando se convierta en un alma
despierta y compasiva.

El calor y la presión
de las fuerzas terrenales
no son ni más ni menos que
el dolor de Hades,
la angustia de Shiva
y el proceso de Shakti.

Mariposas hacen
que la metamorfosis
de la oruga
parezca valer la pena
pero el proceso alquímico
dentro del capullo
se oculta a través de etapas de
transformación
inconcebibles para la mente
humana.

Los afligidos aprecian
los matices bastante.

Llora por la persona quien eras
mientras dejas atrás el capullo.

Uno nunca celebra
los colores y patrones
de las alas propias,
pero los demás
captan su majestad
y entienden
el verdadero significado
del asombro.

Los milagros residen allí

Cada uno tiene sus pérdidas,
ninguno se les escapa.

El duelo
el proceso de curación
que reintegra
los sentimientos y pensamientos,
deseos y remordimientos,
el pasado y
el sin futuro.

A medida que avancemos
por la vida,
elegimos la paleta
pero nunca
el momento,
las circunstancias o
el resultado.

Así que ahí está,
el shock,
luego la tristeza,
más tarde
realidad,
una realidad irreal
de una forma que
nunca habrás experimentado.

Como un caramelo,
te jalarán
en formas
que te dejarán
en un estado
del cual nunca podrás regresar.

Como volar por las nubes
no puedes adivinar dónde está
arriba
incluso cuando estés bien
plantado
en su asiento.

Como caminar por las calles
la mañana de Navidad
cuando se intercambian regalos
y no hay nadie afuera.

Como si hubieras entrado en
el emotivo pos-apocalipsis.

Como si el amor te hubiera
llenado el corazón
pero el tapón de drenaje
está tres veces el tamaño
que debe de ser,
y el vacío dejado atrás
colapsa

todo
lo que tenía sentido,
todo
que te brindaba sustancia,
todo.

El duelo
que humaniza,
humillante
cambiante de forma
el que rasga la tela tuya
y hace explotar tu corazón
hasta dimensiones más nuevas
para las cuales
no te diste cuenta
que te inscribiste.

No le deseo ese dolor a nadie
Sólo que ya sé el valor del
resultado.

Los milagros permanecen allí,
si tan sólo puedes verlos.

El gran ecualizador

El duelo golpea
la puerta
de la humanidad,
la puerta
de la mortalidad,
la puerta
de la eternidad.
Nunca deseado,
apenas nunca bienvenido,
siempre desgarrando el corazón,
aperturando del corazón,
devastador
y el gran profesor
de lo grande que tenemos que ser.

Puentes de duelo
de un alma hacia otra
porque las profundidades
apenas nunca plomeadas
sólo se comparten en confianza.
Es un vínculo como ningún otro.

La sensación común,
esa emoción común
que nos hace ver
más allá de lo superficial,
más allá de la chapa,

a través del velo,
hacia nuestra divinidad,
el conduito
entre un ser humano
y otro.

El duelo es
el gran ecualizador.

Rápidos

Los rápidos así uamados por
causa de sus corrientes velozes
sobre las cuales avanzas.

Los rápidos del duelo
son más lentos todavía
pero igualmente tumultuosos.

Rápido o lento es relativo
aunque
el tiempo genere la gracia
y la gracia trae perdón,
compasión y aliento.
La respiración vuelve lentamente
cuando ya has dejado de
sostenerla
así como los sueños vacíos en las
manos ahuecadas.

Como las lecciones del río,
el paisaje en constante cambio
y el viaje del duelo
nos enseña sobre la vida,
la profundidad
y nuestro propio fallecimiento.
No podemos sostenerlo a raya,
escondernos de ello,
o, en realidad, negarlo.

Mientras estando en su efecto sea
desalentador,
corriendo la ola,
con paciencia, presencia
y esperanza
es nuestra mayor salvación.

No lo suficiente

Las palabras no significan nada
cuando una pérdida está tan
cercana.
Las buenas intenciones
no deshacen
la pérdida de los
días pasados
y los que nunca podrán existir.
Los corazones se rompen
pero el amor nunca se pierde.
Las condolencias no consuelan.
Tu dolor se desconecta
de la tierra,
sin ningún lugar para aterrizar.
Te encuentras desatado
en el espacio,
oscuro, frío y desconocido
nunca queriendo que se
familiarice.

Pero las palabras,
buenas intenciones y
condolencias
son todo lo que tenemos
para enseñar nuestro amor,
para revelar nuestra incapacidad

para borrar tu sufrimiento,
para aliviar la oscuridad
que quita el color
de la vida.

Es lo mejor que podemos hacer
y no es suficiente.

Cristina

Llegaste acá para aprender
con una línea temporal bien
apresurada,
y así lo hiciste
aún discapacitada por la
mala salud
y una atención médica aún peor.

Estabas protegida por
el amor de una madre;
amortiguada
y apoyada
con mayor amor y alegría
de la que la mayoría recibe.
Las risas y el amor
constituían tu espada y escudo,
los tuyos para blandir
al toque sin ningún aviso.
Una sonrisa, una frase o
una palabra severa cuando se
necesitaba corregirlos a otros;
asumías la carga.
Líder natural,
incluso antes de tu entrenamiento
riguroso
te elevó a una potencia
que pocos vieron
pero todos reconocían.

La amabilidad y la belleza
eran el manto de la luchadora.
El respeto fue debidamente
otorgado
para aquellos que conocían de tu
sufrimiento
también conocían tu fuerza.

Te llevaron demasiado pronto
de los amigos y familiares.
Tu nueva asignación
más allá de este plano terrenal,
una dimensión desconocida por
los mortales,
pero aún así se filtran
mensajes tuyos
a través de una persona u otra
así como la película "Michael" -
dile esto, pero sólo cuando
te lo digo.

Andas rociando bendiciones
según un horario
que sólo tú entiendes.
La llovizna mantiene a tus seres
queridos
enfocados
incluso cuando se pierde
o se extravia
la esperanza.

Su recordatorio llega claramente
como las reverberaciones
de un golpe del gong,
"preste atención,
que yo estoy acá."

Y así estás.

Expresiones de gratitud

Quiero agradecer a mi gran amiga, editora, entrenadora de redacción y líder por ejemplo, Madeline Goldstein. Sus sugerencias y su constante aliento hicieron que este libro fuera posible.

Un agradecimiento especial para mi amigo y el exquisito fotógrafo, David Hoadley, por la foto del autor y el trabajo adicional en la portada del libro.

Mi profunda gratitud para todos aquellos que compartieron sus historias de vida, las cuales se convirtieron en la inspiración para muchos de los poemas de este tomo. Se nos han abierto. Que la sabiduría, la humildad, la serenidad y la compasión sean los dones que recibas por el dolor de la pérdida.

Me siento honrado por la generosa y amorosa atención de

Miryam Sterling, quien tradujo
este libro de poemas al español.
Fueron su corazón y sus dones
poéticos los que dieron vida a esta
edición. Una edición técnica
colaborativa de Peter Adler Asch
refinó el material y la edición
final de la buena amiga de
Cristina, Rachel Crosby, llevó el
libro a su forma completa.
Gracias a todos.

El libro no estaría completo sin
agradecer a Cristina, quien me
guió al siguiente paso, y al
siguiente, con solo una pista para
el futuro.